Erfurt

Thüringens Hauptstadt

Gesamtherstellung und Copyright
Schöning GmbH & Co. KG
An der Hülshorst 5 · 23568 LÜBECK
www.schoening-verlag.de

ISBN: 978-3-89917-600-1
1. Auflage

Inhaltsverzeichnis

Silhouette S. 6 ▲

Rathaus S. 9 ▲

Augustinerkloster S. 20 ▲

Minerva u. Severikirche S. 28 ▲

◄ *Haus „Zum Stockfisch“ S. 35*

Krämerbrücke S.36 ▲

Kaufmannskirche S. 46 ▲

Willy Brandt S. 53 ▲

Ehemalige Statthalterei S. 54 ▲

Zitadelle Petersberg S. 58 ▶

Erfurt
Dom, Luther- und Universitätsstadt

Selbstbewusst und mit dem nötigen Quäntchen regionalem Charme begrüßt die Landeshauptstadt des Freistaates Thüringen ihre Gäste. Mit der so signifikanten Kulisse und dem geschlossenen Altstadtkern ist Erfurt unverwechselbar und bleibt im Gedächtnis. Dieses städtebauliche Vermächtnis steht symbolisch für eine Erfolgsgeschichte, die als frühgermanische Siedlung begann. Dank dem vielseitigen Engagement seiner Bürger konnte sich der Ort zu einer der bedeutendsten Handelsplätze im gesamten thüringischen Raum entwickeln. Strategisch günstig an der Via Regia gelegen, war dieser Standort der Schlüssel zu Autonomie und Wohlstand. Aber auch die vielen kleinen Brücken sind heute noch stumme Zeitzeugen für das prosperierende Streben der Stadtväter. Einige Projekte wie die Anlage eines Flutgrabens vor ca. 115 Jahren bot innerstädtischen Hochwasserschutz und wirkt heute romantisch anheimelnd. Der Beiname „Kleinvenedig" kam also nicht von ungefähr. Selbst der kritische Schriftsteller Arnold Zweig betitelte die Stadt als ein „Bilderbuch der deutschen Geschichte". Nicht nur er war ent-

Blick zum Dom zu Erfurt um das Jahr 1840 ▼

Otto Wagner del. — DER DOM ZU ERFURT · UM 1840 — J. v. Rauschenfels sculps.

zückt vom zauberhaften Städtchen, auch für den jungen Martin Luther war Erfurt wegweisend. Er, der in die Stadt kam, um Mönch zu werden, bezeichnete sie später als „Erfordia turrita – türmereiches Erfurt". Doch warum kam er gerade hier her? Die Antwort war recht naheliegend, denn alle großen Mönchsorden hatten hier eine Niederlassung mit z. T. weitläufigen Klosteranlagen. Rund um Erfurt gedieh die Waidpflanze, eine Blaufärbepflanze, die die früheren Handelshäuser reich werden ließen. Diverse Waidjunkerhöfe in und um Erfurt entstanden. Über allem aber thronend beeindruckt Dom und St. Severi-Kirche, das als einzigartiges Kirchenensemble durch eine gewaltige Freitreppe miteinander verbunden wurde. Diesen mittelalterlichen Glanz versprüht die Stadt noch heute. Der gegenwärtige Eindruck ist aber eher der einer pulsierenden Groß- und Medienstadt, dessen wirtschaftliche Belange auf Landwirtschaft und Gartenbau, aber auch auf Handel und Gewerbe fußt. Als moderner Wirtschaftsstandort setzt Erfurt ganz eigene Akzente. Bereiche wie der Maschinen- und Anlagenbau, die Nahrungsgüterindustrie, aber auch die Mikrotechnologie als auch die Logistik geben starke Impulse.

Wissenschaftlich betrachtet ist die Stadt eher traditionell „oldscool" aufgestellt und das im ganz wörtlichen Sinne, denn ihre berühmte „Hierana" Universität ist die unangefochtene „Grande Dame" der traditionellen Hochschulen in Deutschland. Schon Mitte des 13. Jh. hatte keine andere Stadt mehr Studenten. Ursprünglich als nicht-fürstliche, sondern als bürgerliche Bildungsanstalt begonnen, erhob erst die Stiftungsurkunde von Papst Urban VI. im Jahre 1389 sie zur offiziellen Universität. Ganz so althergebracht, wie es sich damals anhörte, ist es heute wiederum nicht. Studiengänge von A wie Afrikakunde bis Z wie Zahnmedizin verdeutlichen ein interessantes Angebotsspektrum. Nicht nur die Universität ist ein Garant für fundiertes Wissen in der Stadt. Unterschiedlichste Bildungseinrichtungen, ob im Direktstudium oder auf dualem Weg, wie zum Beispiel über die Fachhochschulen, bieten adäquate Alternativen. Das Konzept scheint aufzugehen, steigende Einwohnerzahlen von über 211.000 waren die Folge. Als Resümee erfrischt ein junggebliebenes Image die Messestadt und schafft einen lebendigen Mix aus Tradition und Moderne.

Codex aus der Bibliotheca Amploniana ▼

Silhouette der Stadt

Rund um den Fischmarkt

Rathaus

Obwohl Erfurt ca. 1000 Jahre zum Erzbistum Mainz gehörte, war es eine stolze Bürgerstadt. Baulicher Ausdruck des städtischen Selbstbewusstseins ist das Rathaus am Fischmarkt. Vom weitläufigen gotischen Vorgängerbau ist außer wenigen Ausstattungsstücken im Angermuseum nichts mehr vorhanden.

Was kunsthistorisch natürlich sehr schmerzlich war, denn im Jahre 1830 wurde damit begonnen, das mittelalterliche Gebäude abzureißen. Auslöser war ein kleiner Schaden im Dach, der zum Anlass genommen wurde, einen Neubau zu platzieren. Man schuf schon mal Tatsachen.

Oberbau-Direktor Karl Friedrich Schinkel, der bei einem Besuch 1833 in Erfurt weilte, war entsetzt. Ein Jahr später legte er einen Entwurf für ein neues Rathaus vor. Dieser berücksichtigte in charmanter Art und Weise den noch vorhandenen markanten Turm von 1330. Schinkels Entwurf fand aus verschiedensten Gründen allerdings keine Berücksichtigung. So wurde das heutige Rathaus 1869 im neugotischen Stil begonnen und abschnittsweise 1936 mit dem Sparkassengebäude im Stil der Moderne abgeschlossen.

Über dem repräsentativen Eingangsbaldachin weisen die hohen Fenster bereits auf den Festsaal, die gute Stube Erfurts, hin.

Er ist mit repräsentativen Gemälden zur Geschichte der Stadt ausgestattet und kunsthandwerklich überaus reich geschmückt. Die Besichtigung ist lohnend, zumal im Treppenhaus weitere Gemäldezyklen (u.a. über Luther, Faust, Tannhäuser, Graf v. Gleichen) zu sehen sind. Damit wird die bemerkenswerte Geschichte der Stadt für den interessierten Betrachter lebendig. Aufgreifend zum Thema Rathausfestsaal ist die Geschichte des Augustinermönchs Martin Luther heute präsenter denn je.

Einst wurde im Festsaal das Goldene Buch und ein Ehrenbecher ausgestellt. Diese wurden leider Kriegsbeute der Roten Armee 1945. Auch die beiden 2,80 m hohen Figuren an der Rasthausfront, die Kaiser Friedrich I. und Kaiser Wilhelm I. zeigten, sind unwiederbringlich verloren. Sie sollen beim Einmarsch der Truppen von ihrem Sockel gestürzt worden sein. Ein Protokoll einer Stadtratssitzung aus dem Jahre 1950 sagte allerdings etwas anderes. In diesem hieß es: „Die Figuren über dem Rathaussaal sind zu entfernen.“

Rathaus im Abendlicht ▶

Heiliger Bonifatius ▲

Martin Luther ▲

So oder so, beklagenswert bleibt der schmerzliche Verlust der Figuren aus Kelheimer Kalkstein. Hoffnungsvoll dagegen ist das Engagement des Rotary-Clubs Erfurt. Ihrer Spende ist es zu verdanken, dass mittlerweile zwei nagelneue Bronzefiguren die Fassade des allseits beliebten Rathauses schmücken. Zu sehen sind sowohl der heilige Bonifatius als auch der Reformator Martin Luther.

Ein Blick in die „gute Stube“ Erfurts zeigt den Festsaal mit den neun Wandgemälden von Peter Janssen (1844–1904). Die Werke entstanden in der Zeit von 1878–1882. Themen wie der hl. Bonifatius, der den christlichen Glauben in Thüringen verkündigte, oder auch der hl. St. Martin, der seinen Soldatenmantel mit einem Bettler teilte, erinnern an die religiöse Vergangenheit der heute noch kath. Landeshauptstadt. Der geschichtliche Aspekt findet allerdings auch Berücksichtigung, z.B. in Abbildungen wie der Unterwerfung von Heinrich dem Löwen oder die Wiederherstellung des Landesfriedens durch König Rudolf I. Es sind aber nicht nur die Wände des 238 m² großen

Rathaus ▼

Rathausfestsaal ▲

Saales, die die Aufmerksamkeit auf sich ziehen, auch die lebensecht wirkenden Statuen der Justitia, der Industria als auch die von der Benignitas hinterlassen einen bleibenden Eindruck. Nicht zu vergessen sei das zauberhafte Deckenbildnis und der historische Steinway-Flügel, der bei so manchen Konzerten, Hochzeiten oder sonstigen Feierlichkeiten zum Einsatz kommt. Sein warmer und facettenreicher Klang des in New York gefertigten und 1915 über Köln nach Europa eingeführten Tasteninstrumentes verzaubert seit vielen Jahrzehnten das Publikum. Engagierte Nachwuchskünstler als auch Pianisten von Rang und Namen schätzen dessen brillante Akustik.

Mitbringsel Puffbohne

„'ne rischdsche Buffbohne sein" heißt, ein echter Erfurter zu sein, gemeint sind aber nur Gebürtige. Jedes Neugeborene erhält zum Start ins Leben von der Stadt je nach Geschlecht entweder eine rosa oder eine bläuliche Bohne. Im Mittelalter war diese bei der ärmeren Bevölkerung auf Grund ihres hohen Nährgehalts ein beliebter Snack. Die beeindruckende Größe der Bohnen war den guten Böden und Klimaverhältnissen der Region geschuldet. Viele Bürger trugen sie in den Taschen und naschten sie wie Nüsse. Gelegentlich umgab diese dann ein schleichender Duft, denn wie man weiß, gibt jedes Böhnchen auch ein Tönchen!

Treffpunkt Fischmarkt

Der Fischmarkt ist ein Platz der Renaissance, wie es nur wenige in Deutschland gibt. So wie sich dieser in großer Farbenpracht präsentiert, müssen viele Mittelalterplätze in Deutschland gewesen sein. Der „Roland" (wahrscheinlich aber St. Martin) von 1591 in der Mitte wird von prachtvollen Bürgerhäusern, überwiegend des 16. Jahrh., umgeben. Gegenüber dem Rathaus befindet sich das Haus „Zum Roten Ochsen" (Nr. 7) aus dem Jahre 1562. Der Ochse lagert über dem Diamantbossen-Portal, umgeben von Göttern und Musen. Auf dem Giebel toben die Teufel. Ein dem Roland ähnlicher Ritter krönt das Haus. Schräg gegenüber das noch prächtiger geschmückte Haus „Zum Breiten Herd" (Nr. 16) von 1584, mit Reliefs der fünf Sinne, Girlanden, fliegenden Löwen und: wieder ein Ritter. Der Bauteil rechts neben dem Breiten Herd ist neueren Datums (1882/83), auch hier noch einmal ein Ritter als Giebelbekrönung. Neben dem Haus „Zum Breiten Herd" ist eines der wenigen Bauten des Barock/Rokoko (Nr. 12) in Erfurt zu sehen. Der Fischmarkt war stets der Mittelpunkt städtischen Lebens: Markt (für den Stockfisch), Gerichts- und Hinrichtungsstätte, Empfangsplatz der großen Stadtbesuche und auch Feierstätte, denn früher, mehr noch als heute, war das Rathaus auch Kauf- und Ballhaus. Heute ist der Fischmarkt mit seinen zahlreichen Gaststätten insbesondere an warmen Tagen ein beliebter Freisitz, oft bis weit in die Nacht hinein. Im Haus „Zum Roten

▲ *Fassadenschmuck – Detail von Hans Friedemann*

Fassade des Bürgerhauses „Zum breiten Herd" ▼

Kunsthalle Erfurt im Haus „Zum Roten Ochsen“ ▲

Ochsen“ zeigt eine Galerie Wechselausstellungen moderner Kunst.
Die Marktstraße zwischen Fischmarkt und Domplatz ist ein Stück der alten Via Regia, ein alter Straßenmarkt. Bedeutende Bürgerhäuser säumen die Straße, etwa das Haus „Zum Güldenen Rade“ (Marktstraße 50), eine interessante Nutzungsmischung zwischen dem ZDF-Landesstudio und einer gern besuchten Gaststätte mit vielleicht Erfurts schönstem Biergarten. Auf der Hälfte der Straße teilt die Allerheiligenkirche wie ein Wellenbrecher die Marktstraße und die Allerheiligenstraße.
Im Straßenabschnitt nächst dem Domplatz die Häuser „Zum Güldenen Schwanenring“ und „Zum Großen Siebenbürgen und Großen Pflug“. Im Schwanenring hat die renommierte Samenfirma N. L. Chrestensen ihren Sitz. Die Dynastie der Chrestensen hat mit anderen im 19. Jahrh. den

Auf dem Fischmarkt ▲

Ruhm Erfurts als Blumenstadt in ganz Europa begründet. Im Siebenbürgen (heute Kinder- und Jugendbibliothek) lohnt sich ein Blick in die 1. Etage mit prachtvollen klassizistischen Stuckdecken. Hier wohnte 1808 während des großen Fürstenkongresses König Maximilian von Bayern.

Geht man die Allerheiligenstraße entlang, fallen nacheinander mehrere Gebäude ins Auge, eigentlich ist diese Straße die interessanteste der Altstadt. Der große Komplex der „Engelsburg“ (Nr. 21) aus der Gotik und Renaissance mit seinen hohen Dächern und drei Gaupenreihen zeugt vom Reichtum der früheren Eigentümer, einer davon war Dr. Georg Sturz, der Arzt Martin Luthers in seiner Thüringer Zeit. Sturz bot den sog. Humanisten Raum für ihre Diskussionsrunden. Deren eines Ergebnis waren die „Dunkelmännerbriefe“, Streitschriften, mit denen die frühbürgerliche Revolution befördert wurde. Heute betreiben im weitläufigen Komplex die Studenten ihren Club.

Wenige Schritte weiter am Haus „Zur Windmühle“ (Nr. 6) eine überaus prachtvolle Haustür der Renaissance. Von der Einmündung der Waagegasse aus kann man einen Blick auf die Ratsspeicher werfen, in denen die durchreisenden Kaufleute wegen des Stapelrechts der Stadt Erfurt ihre Waren für drei Tage zum Erwerb anbieten mussten. Gegenüber der Waagegasse das Haus „Zum gül-

◀ *Bernd-das-Brot-Plastikfigur auf dem Fischmarkt*

Haus zum „güldenen Schwanenring“ ▼

Haus „Zum güldenen Sternberg“ ▼

Blick in die Marktstraße mit Allerheiligenkirche ▲

Haus „Zum güldenen Stern" ▼

denen Sternberg" (Nr. 8), begonnen 1519, mit schönen Sitznischen und Fenstergewänden, an deren Jahreszahlen 1533 und 1537 man die Länge der Bauzeit dieses Hauses ablesen kann. Und schließlich die Nr. 11, das Haus „Zum Güldenen Stern" von 1459 mit einem gut proportionierten Erker von 1479.

Köstritzer Schwarzbier

Dieses Produkt aus der gleichnamigen Stadt hat in der Region Kultstatus erreicht. In einer der ältesten Schwarzbierbrauereien Deutschlands hergestellt, war schon Johann Wolfgang von Goethe den verschiedenen Biersorten aus Köstritz quasi verfallen. Damals wie heute sagte man dem isotonischen Kaltgetränk gesundheitsfördernde Eigenschaften nach. Mittlerweile haben auch Biermixgetränke z. B. mit Cola einen festen Platz im Sortiment gefunden. Von der Bitburger Holding übernommen kann man gut und gerne von einer Erfolgsgeschichte sprechen, denn im Bereich untergäriger Biere avancierte die Brauerei mit einem Marktanteil von 30 % zum Marktführer und exportiert die thüringische Spezialität mittlerweile in über 60 Länder dieser Erde.

Lateinisches Viertel

Alte Universität

Erfurts Bürger gründeten 1392 eine Universität, die fünfte nördlich der Alpen und die erste mit allen vier Fakultäten. Mittelpunkt des „Lateinischen Viertels", also des Gebietes der Universität, waren das Collegium Maius von 1512 und die gotische Kirche St. Michael für die philosophische Fakultät. Im Collegium fanden Feiern und Dispute statt. Das heutige Gebäude wurde 1988 im alten Stil wieder aufgebaut, nachdem es durch einen Bombentreffer im II. Weltkrieg bis auf die Grundmauern und das herrliche spätgotische Kielbogenportal zerstört worden war. Im Mittelalter gehörte die Universität zu den meistbesuchten in Deutschland, bis zu 1000 Studenten waren immatrikuliert. Berühmtester Student war zweifellos Martin Luther, der 1501 in die Universität eintrat und 1505 zum Magister promovierte. Die Universitäten der damaligen Zeit lebten von und mit den Büchern. So entwickelte sich Erfurt nach der Erfindung des Buchdrucks (1455) zu einer der größten Druckstätten. Bis zu einem Drittel aller Bücher des 15./16. Jh. sollen hier gedruckt wor-

Alte Universität Collegium Maius ▼

den sein. Deshalb sind im Lateinischen Viertel die Häuser früherer berühmter Drucker zu finden.

Michaeliskirche
In diesem Gotteshaus hat 1522 Martin Luther gepredigt und 1989 fand die Wendebewegung in ihr Ausstellungs- und Versammlungsräume. Heute ist sie ein gern gesuchter Raum der Stille inmitten der lärmenden Stadt. Beachtlich ist der historische Orgelprospekt der Compeniusorgel, wie Spitzen überziehen die Goldmalereien die Orgelpfeifen.

Haus „Zum Krönbacken"
Das Gebäude in der Michaelisstraße 16, der Steinernen Chronik Erfurts, ist ein besonders beachtenswerter Gebäudekomplex. Hinter der geradezu klassisch anmutenden Straßenfassade von 1564 verbirgt sich ein Gebäude aus der Gotik mit reichgeschmücktem Hausbaum.

Kulturhof in der Michaelisstraße 10 ▲

Das Portal zeigt einen reichen Wappenschmuck der Hausbesitzer Ilgen (Aegidius) Millwitz und Anna Schwanvogel (beides alte Erfurter Bürgerfamilien). In Bestzustand präsentiert sich aber auf dem Hof die einzige originale Waidscheune der Stadt. Heute wird sie als Ausstellungsgebäude genutzt. Ein moderner Funktionsbau eröffnet das ganze Spannungsfeld zwischen Mittelalter und Moderne.

Michaelis-Kirche ▼

Haus „Zum Krönbacken" ▼

Synagoge – heute Museum zur Kultur der Juden im Mittelalter ▲

Alte Synagoge

Die Alte Synagoge, ein äußerlich eher schlichtes Gotteshaus mit Bauteilen aus dem 11. Jh., ist die einzige bis unters Dach erhaltene Synagoge in ganz Mitteleuropa. Im Inneren befindet sich seit 2009 ein Museum. Die Ausstellung gibt einen authentischen Einblick in die Kultur und Geschichte der jüdischen Gemeinde Erfurts und vermittelt ihre im Mittelalter herausragende Stellung in Europa. Ein bei Bauarbeiten rein zufälliger Fund war 1998, der sogenannte Jüdische Schatz von Erfurt, und dieser befindet sich im Kellergewölbe. Er besteht aus 3141 Silbermünzen, 14 Silberbarren, über 700 gotischen Gold- und Silberschmiedearbeiten sowie einem jüdischen Hochzeitsring aus dem 14. Jh., der diesen Fund einzigartig macht. Im Hof erinnert eine Auswahl an Grabsteinen an den zerstörten mittelalterlichen jüdischen Friedhof.

Unweit der Alten Synagoge entdeckten Archäologen 2007 die mittelalterliche Mikwe, ein jüdisches Ritualbad, das zur Reinigung nach Berührungen mit Toten, mit Blut oder anderem „Unreinen“ dient.

Das Tauchbecken ist über ein Dachfenster des Schutzbaus sichtbar. Ein Rundgang im Inneren ist allerdings nur im Rahmen einer Führung möglich.

Mikwe – jüdisches Ritualbad ▲

Nachdem ab Mitte des 15. Jh. keine Juden in Erfurt geduldet wurden, bildete sich erst wieder zu Beginn des 19. Jh. eine neue jüdische Gemeinde. Ein Wohnhaus diente zunächst als Bethaus, bis 1840 die Kleine Synagoge (heute eine Begegnungsstätte) entstand. Als diese zu eng wurde, entstand 40 Jahre später die Große Synagoge, die aber 1938 durch die Nationalsozialisten zerstört wurde. 1952 wurde auf demselben Grundstück die Neue Synagoge eingeweiht, die bis heute von der jüdischen Gemeinde genutzt wird.

Bibliotheca Amploniana

Bei dieser spätmittelalterlichen Handschriftensammlung aus dem Jahre 1410 handelt es sich um einen weltweit einzigartig geschlossenen Katalog eines spätmittelalterlichen Gelehrten Namens Amplonius Rating de Berka. Der Arzt und zweite Rektor der alten Universität legte eigenhändig ein Nachschlagewerk nach Fachgruppen an und stiftete diese dann dem „Collegium Porta Coeli“. Der Inhalt dieser Bibliothek hat vorwiegend theologische, philosophische und medizinische Schwerpunkte.

Diese einst 633 Bände sollten mittels verschiedener Rechtskonstruktionen des Stifters den Studenten der Erfurter Universität dauerhaft hilfreich sein. Der Bestand wuchs in den folgenden Jahrhunderten um das Doppelte an, doch leider gingen zahlreiche Codices verloren. Diesen mittelalterlichen Wissensschatz nutzte auch Martin Luther 1509 für sein Theologiestudium und wurde zum Doktor der Theologie ernannt. Nach der Auflösung des Collegiums im 19. Jh. ging die Sammlung an die Königlich Preußische Bibliothek Erfurt und später an die Stadt Erfurt über. Mittlerweile als Dauerleihgabe der Universitätsbibliothek ist jeweils ein Exemplar im Stadtmuseum Erfurt zu bestaunen.

Refektorium des Augustinerklosters ▲

Augustinerkloster

Der 17-jährige Martin Luther, durch seinen Vater an das Jurastudium herangeführt, sammelte folgsam Grundkenntnisse in Grammatik, Rhetorik und Geometrie, aber auch in Musik und Astronomie. Doch ein Unwetter sollte nicht nur sein Schicksal, auch den Lauf der Geschichte in ganz Europa verändern. Die Naturgewalten verängstigten den jungen Studenten, der zu Fuß und auf freiem Feld unterwegs war, so sehr, dass er um göttlichen Beistand ein Stoßgebet Richtung Himmel schickte: „Hilf du, heilige Anna, ich will Mönch werden!" Heute hat das evangelische Kloster über 700 Jahre auf dem Buckel. Es wirkt aber alles andere als alt, es steht eher als Symbol für gelebte Geschichte. Hier haben Mönche gebetet, Gymnasiasten gepaukt und Waisenkinder eine Bleibe gefunden. Es gab Zeiten der Zerstörung, des Wiederauf- und Umbaus und auch der Sanierung. Aber trotz aller Wirrungen der Geschichte fällt das historische Bauensemble mit Kirche, Kreuzgang, Kapitelsaal, Bibliothek und Hospitalhof durch seine große stilistische Geschlossenheit auf.

▲ *Kreuzhof des Augustinerklosters*

Innerhalb dieser geschichtsträchtigen Mauern kann übernachtet, getagt und auch gebetet werden. Nicht nur das spricht für einen Besuch dieser Anlage, sondern das selbstbestimmte Motto: Geschichte erlebbar zu machen. Das gelingt natürlich am besten bei einem theatralischen Rundgang wie z. B. mit der „heiligen Anna". Diese ist buchbar und bringt den Be-

Portal des Augustinerklosters ▲

suchern das Gewittererlebnis vom 2. Juli 1505 näher.

Es sollten auch die eindrucksvollen Glasfenster mit dem Vorbild der Lutherrose Beachtung finden, wie auch die berühmte „Lutherzelle“. Die Elisabethkapelle im Nikolaiturm zeigt mittellalterliche Wandmalereien und der Neubau des Hauses der Versöhnung erzählt die Geschichte des Klosters. Fazit also – unverzichtbar bei einem Stadtrundgang!

Renaissancehof des Augustinerklosters ▼

Vorläufer der Lutherrose ▲

Martin Luther

Am 10.11.1483 in Eisleben (Südharz) geboren, wuchs in Eisenach auf und begann 1501 ein Jurastudium an der Universität Erfurt. 1505 brach er dieses ab, um Augustinermönch in Erfurt zu werden. Im Kloster erschloss sich ihm die Bibel und führte ihn auf den Weg der Reformation. Sein Orden schickte ihn nach Wittenberg, wo Luther die uns heute bekannten reformatorischen Schritte mit der Konsequenz eines veränderten Europa vollzog. Erfurt war der Ort der Reifung Luthers, Wittenberg der seines Handelns. Auch nach seiner Übersiedlung nach Wittenberg predigte er mehrfach in Erfurt.

Lutherzelle ▲

Kapitelsaal im Augustinerkloster ▲

Nikolaiturm
Zu den 22 Türmen der Altstadt von Erfurt gehören mehrere Türme, deren Kirchen längst nicht mehr existieren. Der mit 60 m höchste Turm außerhalb des Domberges ist der Nikolaiturm. Er markiert den möglicherweise ältesten Flussübergang der Via Regia über die Gera. Die dazugehörige Lehmannsbrücke ist als historischer Bau nicht mehr erhalten.

▲ *Die Andreaskirche in der gleichnamigen Straße*

Georgsturm
Der Georgsturm gehörte zur Pfarrkirche St. Georg und war der Mittelpunkt des Georgsviertels. Heute hat der Turm einen Privatbesitzer.

Blick zum Georgsturm ▼

Andreaskirche
Wie der Georgsturm ist die Andreaskirche die Pfarrkirche des Andreasviertels. Sie war im Mittelalter einem Frauenkloster zugehörig und mit diesem durch einen Übergang über der Andreasstraße verbunden (im Giebel der Kirche noch erkennbar).

Vom Domplatz zum Breitstrom

Dom – Severikirche

Der Domplatz gehört mit 4,9 ha zu den größten Plätzen Europas. Er entstand erst 1813, als die stürmenden Truppen der Verbündeten nicht nur die Zitadelle, sondern auch Teile der Altstadt in Brand schossen. Zwei der Platzwände werden von Bürgerhäusern gebildet, die eine schöne, bunte Kulisse für die würdigen Kirchen darstellen. Lediglich das Haus „Zur Hohen Lilie" nimmt eine herausragende Stellung ein. Es ist ein Gasthaus mit 500-jähriger Tradition, in dem man auch heute wohlmundend essen kann. Der Domplatz ist von alters her der Platz für die Volksversammlungen gewesen. Hier fanden 1989/1990 die großen Wendedemonstrationen statt, aber auch das Martinsfest, die Domstufenfestspiele und der Große Erfurter Weihnachtsmarkt haben einen Stammplatz mitten im Herzen der Stadt gefunden.

▲ *Detail am Haus „Zur Hohen Lilie"*

Haus „Zur Hohen Lilie" am Domplatz ▼

„Martinshörnchen" ▼

Blick von den Domstufen auf den Domplatz ▲

Kulinarisches zum Martinstag

Die berühmten Martinshörnchen sind eine regionale Besonderheit, die man nur am 10. November, Luthers Geburtstag, genießen kann. Es handelt sich eher um Plundertaschen, als um Hörnchen, die entweder mit Marzipan oder Marmelade gefüllt werden. Die Plunderkämme kommen super an, sind aber zum Glück nur an diesem Tag erhältlich, weil sonst akute Suchtgefahr besteht!

Dom und Severikirche am Domplatz

Blick zur Severikirche ▲

Gebäudeteilen aus dem 13., 14. und 15. Jh. Er glänzt vor allem durch die Kostbarkeiten in seinem Inneren. Bedeutend ist der geschlossen erhaltene Bildfensterbestand aus dem 14. Jh. mit 1100 Scheiben. Beeindruckend auch das reichgeschnitzte Chorgestühl aus gleicher Zeit. Die Kirchenmusik bestreiten zwei Orgeln, darunter die mit 63 Registern größte Orgel Erfurts. Auf dem mittleren Turm hängt die 11.450 kg schwere „Gloriosa"-Glocke – sie ist die größte freischwingende mittelalterliche Glocke nördlich der Alpen und die wegen ihres Wohlklanges wohl berühmteste deutsche Glocke. Ihre zweimalige Reparatur nach Rissen im Glockenkörper ist spektakulär, aber auch eine Führung durch die neue Domschatzkammer ist lohnenswert.

Vom Domplatz aus erschließt sich die städtebauliche Wirkung dieser einmaligen Kirchengruppe aus Dom St. Beatae Virginis und St. Severi am eindrucksvollsten. Die etwa gleich hohen Kirchen verbindet die gewaltige 70-stufige Treppenanlage, in Erfurt „Die Graden" genannt. Die Treppe führt direkt auf das Triangelportal des Domes zu. Die Bedeutung des Doms wird durch den gewissermaßen über die Stadt ragenden Hohen Chor unterstrichen. Die St. Severi-Kirche tritt bescheiden hinter die burgartige Anlage der Prälatenhäuser zurück. Der Dom ist eine Aneinanderfügung von

Unmittelbar neben dem Dom erhebt sich die 5-schiffige Hallenkirche St. Severi, 1278 begonnen, die vor allem durch ihre unglaublich geschlossene Raumwirkung tief beeindruckt. Von ihrer Ausstattung sind neben dem St.-Severus-Sarkophag (1365) der expressive spätgotische Taufstein und der lebendige Orgelprospekt aus dem Barock zu nennen.

Gebeine des heiligen Severus, Bischof von Ravenna, sind 836 nach Erfurt überführt worden ▶

▲ *Grabplatte des Grafen v. Gleichen im Dom, um die sich die Sage von der Doppelehe des Grafen spinnt*

▲ *Barocke Orgelempore von 1714*

▲ *Triangelportal der törichten Jungfrau am Dom ist eine Meisterleistung der damaligen Steinmetzarbeiten*

Wo einst Waid lagerte, sind heute das Kabarett „Die Arche“ und eine Puppenbühne zu Hause ▲

Waidspeicher

Der Waidspeicher aus dem 14. Jh., zwischen der Arche und dem Domplatz am Mettengang gelegen, ist einer von drei erhaltenen in Erfurt. In ihm wurde das Waid, die mittelalterliche Färbepflanze und zugleich der Reichtum Erfurts, verarbeitet, gelagert und versandfertig gemacht. Große Teile des mittelalterlichen Gebäudes sind gut sichtbar erhalten. Ab dem 17. Jh. wurde das Erdgeschoss auch als Feierraum genutzt. Teile der Ausschmückung sind an den Deckenbalken erkennbar. Heute dient der Waidspeicher als Puppenbühne (auch für Erwachsene höchst besuchenswert!) und Kabarett.

Naturkundemuseum

Das Haus „Zum Leoparden“ (Große Arche Nr. 14) ist ebenfalls ein Waidjunkerhof mit einer äußerlich gut erhaltenen Waidscheune. Das ganze Anwesen ist heute vom Keller bis zum Dachboden als Naturkundemuseum begehbar. Als Museum mehrfach ausgezeichnet ist diese „Arche

◄ *Wissenswertes über Flora und Fauna weiß das Naturkundemuseum zu berichten*

Noah“ für jedes Lebensalter ein Gewinn. An den Sitznischen des Eingangsportals ist die Aufhöhung des Straßenniveaus in den rund 500 Jahren seit Baubeginn gut erkennbar.

Haus „Zum Sonneborn“

Das Haus „Zum Sonneborn“ (also Zum Sonnenbrunnen, Große Arche Nr. 6) ist ein Waidjunkerhof von 1546. Bei seiner Sanierung in den 80er-Jahren wurde unter 7 (!) Tapetenschichten eine Bohlenstube gefunden. Über und über mit Allegorien bemalt gehört sie ohne Zweifel zum Schönsten, was deutsche Profaninnenarchitektur zu bieten hat. Die Grisaillemalereien auf der Fassade deuten die Pracht im Inneren an. Da das Haus heute als Standesamt dient, sind seine inneren Werte, die auch die moderne Ausstattung des Hauses einschließen (leider), nur im Heiratsfall zu besichtigen. Die beiden Löcher über dem Portal zeigen an, dass der Hausherr zugleich das Biereigenrecht besaß, also Bier brauen und ausschenken durfte. Beachtlich auch die schöne Haustür mit Ädikulen.

Das Haus „Zum Sonneborn“ ist ein Haus zum Verlieben – im wahrsten Sinne des Wortes, denn hier ist das heutige Standesamt untergebracht. Rechts ein Wappendetail ▼

Predigerkirche der Dominikaner ▲

Predigerkirche

Von den großen Klosterkirchen des Mittelalters ist die der Dominikaner, im Volksmund Predigerkirche genannt, am besten erhalten. Sie ist heute die größte evangelische Kirche Erfurts. 14 Gewölbejoche bestimmen den strengen, etwa 72 m langen Kirchenraum. Die Kirche wurde 1283 begonnen und in drei Bauabschnitten fertiggestellt. Prachtvolle Schlusssteine, von Erfurter Handwerkerinnungen und reichen Familien gestiftet, bilden den Hauptschmuck des Raumes. Die mittelalterlichen Glasfenster gingen im Bombenhagel verloren, ihre Scherben wurden jedoch zu einem abstrakten bunten Glasteppich zusammengefügt. An der Westwand beeindruckt die große Schuke-Orgel mit 52 Registern und einem schmuckreichen und farbenprächtigen Prospekt aus barocker Zeit.

Hier war Meister Eckehart im 13. Jh. rund 30 Jahre Mönch und Prior und brachte die mittelalterliche Mystik, die wesentlich mit seinem Namen verknüpft ist, zur vollen Ausprägung. Vom übrigen Klosterareal ist relativ wenig erhalten, der Sommerremter jedoch ist in seiner unerhört fili-

Meister Eckehart

In der ab 1290 entstandenen Kirche der Dominikaner, der Predigerkirche, hat zwischen 1278 und 1311 Meister Eckehart, einer der größten und tiefsten religiösen Denker des Mittelalters, 28 Jahre lang gelebt und gewirkt. Seine Predigten in deutscher Sprache machten ihn in seiner Zeit berühmt und bestritten. Eckehart gilt als der herausragendste Vertreter der Mystik. Seine theologischen Ansichten brachten ihn – wie später Luther – zur Anklage als Ketzer.

Turm der 1216 erwähnten Paulskirche ▲

granen Plastizität der Säulenkapitelle überaus sehenswert und wertvoll. Als Bettelmönchskirche hatte die Predigerkirche keinen Turm, sondern nur ein Türmchen für die Gebetsglocke. Es überragt den Dachfirst nicht. Der gegenüber der Kirche stehende Glockenturm gehört zur längst abgerissenen St. Paulskirche. Heute ist im Untergeschoss des Paulsturms das Kirchen-„Café Paul" der Predigergemeinde zu finden.

Am Breitstrom ▼

Haus „Zum Stockfisch" – „Haus zum grünen Sittich und gekrönten Hecht"

Das Haus „Zum Stockfisch" (Johannesstr. 170), auf das die Futterstraße zuläuft, ist der wohl prachtvollste Waidjunkerhof in Erfurt. Zwischen 1607 und 1640 aus zwei Anwesen zusammengewachsen und im Stil der niederländischen Renaissance mit einer neuen Fassade und einem zweigeschossigen Erker versehen, steht es wie ein herausgeputzter Fremdling zwischen den anderen, eher regional geprägten Waidjunkerhöfen der Johannesstraße. Heute wird das Haus durch das Stadtmuseum genutzt. Ein Blick in das barocke Treppenhaus und das Erkerzimmer lohnt sich allemal. Erfurt ist eigentlich keine Fachwerkstadt, die meisten Häuser begnügten sich mit einem einfachen Tragwerk und Verputz, auch aus Feuerschutzgründen. Dennoch sind einige Fachwerkhäuser bewusst auf Außenwirkung gebaut worden, so etwa das Haus „Zum Mohrenkopf" (Nr. 168) aus dem Jahre 1607. An der Ecke zur Krämpferstraße (Nr. 178) steht ein gewaltiger Fachwerkbau, das Haus „Zum grünen Sittich und gekrönten Hecht". Der Doppelname deutet darauf hin, dass auch dieses Haus einst aus zwei Anwesen zusammengewachsen ist. Leider sind in den 60er-Jahren die Hintergebäude all dieser Waidjunkerhöfe abgerissen worden und der Gesamteindruck dieser großen und für Erfurt typischen Anwesen verloren gegangen.

▲ *Waidjunkerhof „Zum grünen Sittich und gekrönten Hecht"*

Haus „Zum Mohrenkopf" und Haus „Zum Stockfisch" in der Johannesstraße ▼

Alleinstellungsmerkmal Krämerbrücke

Das ultimative Highlight der Stadt, auch gern als kleinster Boulevard Mitteldeutschlands betitelt, ist die berühmte Krämerbrücke. Mit ihrer beidseitigen Bebauung sucht sie in ganz Europa ihresgleichen.
Täglich flanieren tausende Besucher vorbei an Manufakturen, netten kleinen Geschäften und Galerien. Auffällig ist neben der bunten Betriebsamkeit auch die zum Teil kontrastreiche Beschilderung über den Haustüren. Symbole wie ein grün-roter Stern oder ein rotes Kreuz auf weißem Grund mit schmiedeeisernem Eselskopf darüber dienten der damals schreibunkundigen Bevölkerung als Orientierungshilfe. Die insgesamt 32 Häuser unterscheiden sich zwar farblich, aber auf der lebendig, kleinteilig wirkenden Brücke verschwindet schon mal das große Ganze und der Besucher taucht ein in den Mikrokosmos Krämerbrücke. Es ist wohl genau dieser Mix aus Puppenmachern, Malern und Gastronomen, der für die Gäste so authentisch wirkt und die Vergangenheit quasi lebendig werden lässt. Apropos Vergangenes – mehr zu

Schilder über den Hauseingängen ▼

Manufaktur Goldener Helm ▼

▼ *Details auf der Krämerbrücke* ▼

PAULANER

Blick über Erfurt mit Krämerbücke und Dom vom Ägidienturm ▲

diesem Thema erfährt man im Haus der Stiftung mit der Hausnummer 31. Hier besteht die Möglichkeit, in dem restaurierten Brückenhaus von 1578 – mittels einer Dauerausstellung – etwas über den steilen Aufstieg zur Zeit des Handelsweges der Via Regia, aber auch über den Niedergang als auch über den drohenden Verfall und die Rettung in letzter Minute zu erfahren.

Heute ist die Brücke ein Besuchermagnet. Sie ist aber auch Arbeits- und Wohnstätte von ca. 80 Erfurter Bürgern. Ob Wein-, Gewürz- oder auch Schmuckhändler, hier gibt es viel zu entdecken und wenn der Duft von frischgebackenen Eiswaffeln die Sinne streift, erliegen nicht nur die Touristen dem Genuss der experimentierfreudigen Eis-Variationen des Eiskrämers. Mittlerweile haben die interessanten Kombinationen wie z. B. die von „Herrn Nugat und Frau Sauerkirsche" oder auch Omas Rezept vom „Kalten Hund" Kultstatus erreicht. Die zum Garnieren verwendete Schokolade wird aus der benachbarten Goldhelm Manufaktur bezogen.

St. Ägidien

Beide Brückenköpfe waren früher mit Kirchen besetzt, von denen sich die eine, St. Ägidien, erhalten hat. Meist kann der Turm begangen werden, er vermittelt einen fantastischen Rundblick über das mittelalterliche Erfurt.

Vor dem Gotteshaus breitet sich der bescheidene Wenigemarkt, der kleine Markt, aus. Unter seinen einfachen Häusern dominiert nur die Fassade der Ägidienkirche mit ihrem plastischen Erker, in dem sich der Altarraum befindet, denn das Erdgeschoss war und ist wieder eine Ladenetage (heute ist hier ein renommiertes Erfurter Café zu Hause, auch hier eine Bohlenstube).

Eiskrämer ▼

Krämerbrücke mit Ägidienturm ▲

Krämerbrücke mit Ägidienturm ▼

Goldhelm Schokoladen Manufaktur ▲

Winterliche Krämerbrücke

Klein, aber oho ...

Futterstraße

Auf dem Wenigemarkt beginnt die Futterstraße, die Straße der (Pferde) Fütterer-Innung. Bei der enormen Menge an Pferden, die in einer mittelalterlichen Handelsstadt zu betreuen waren, hatten die Fütterer eine Schlüsselstellung inne. Die Häuser „Aron und Würzgarten“ (Futterstraße 12) und „Gekrönter Löwe und Kleiner Wachsberg“ (Nr. 13/3 A) vermitteln einen Eindruck für die ansehnlichen Gehöfte, die früher diese Straße prägten.

Wenigemarkt mit Ägidienkirche ▼

„Wenigemarkt“ bedeutet „kleiner Markt“ – im Gegensatz zu den großen Marktplätzen Erfurts ▲

Goethe in Erfurt

Goethes Dienstsitz in Erfurt war das sogenannte Geleithaus neben dem Statthalterpalais, dem heutigen Regierungssitz des Bundeslandes Thüringen. Als Verkehrsminister des Herzogtums Sachsen-Weimar-Eisenach für die Fernstraße Jena–Eisenach verantwortlich standen hier ein Schreibtisch und ein Bett immer für ihn bereit.

Mindestens 33 Aufenthalte sind nachweisbar. Obst und Gemüse, auch Blumen aus Erfurt schickte er nach Weimar an seinen Haushalt und an den der Frau v. Stein. Aus der Erfurter Weinhandlung Hamann am Domplatz bezog der Weinliebhaber Goethe jahrelang seinen Wein. So ist der große Goethe auf vielfältige, meist ganz alltägliche Weise mit Erfurt verbunden. Am 2. Oktober 1808 kam es im Rahmen des großen Fürstenkongresses zu einem Treffen zwischen Napoleon und Goethe. Das Gespräch führte zu keiner Annäherung der beiden Großen, wohl aber zu einem lebenslangen Respekt Goethes gegenüber Napoleon.

▲ *Im Kaisersaal wurde u. a. mit der Uraufführung von Don Carlos Theatergeschichte geschrieben*

Kaisersaal

Das heute bedeutendste Haus ist freilich der Kaisersaal, das Gesellschaftshaus der Erfurter. Im Mittelalter entwickelte sich aus einem Innungsgehöft zunächst das Universitätsballhaus, später das heutige bürgerliche Gesellschaftshaus in einer baulichen Fassung von 1831/32. Hier spielte die Comédie-Française aus Anlass des Fürstenkongresses von 1808 vor einem „Parkett von Kaisern und Königen" (daher der heutige Name „Kaisersaal"). Später waren auf der Bühne J. Ch. Bach, Paganini und Clara Wiek zu Gast, Schillers „Don Carlos" erlebte in der Prosafassung hier und in Anwesenheit des Schriftstellers seine Premiere, Goethes Hoftheater spielte häufig für die theaterbegeisterten Erfurter. 1891 schließlich fand im Kaisersaal der Erfurter Parteitag der SPD statt, auf dem August Bebel brillierte und die Parteiprogrammatik eine Marxsche Prägung erfuhr.

Zwischen 1991 und 1994 wurde das Haus grundlegend saniert und ist heute als Mitglied der Vereinigung der europäischen historischen Kongresszentren wieder Mittelpunkt des gesellschaftlichen Lebens der Erfurter.

Maus auf dem Anger ▼

KiKA

Der öffentlich-rechtliche Fernsehkanal von ARD und ZDF, kurz und knapp nur KiKA genannt, ging am 1. Januar 1997 das erste Mal über den Äther. Magazine wie Tabaluga, Löwenzahn oder die Sendungen mit der Maus hatten anfangs einen festen Platz im Nachmittagsprogramm, aber auch beliebte Serien wie Heidi, Die Biene Maja oder der kleine Wichtel Nils Holgerson faszinierten damals wie heute die kleinen und auch die großen Zuschauer. Mittlerweile haben die Inhalte eine etwas andere Struktur, den einen freut's, dem anderen bleibt manchmal nur kurzes Kopfschütteln über eine Aneinanderreihung von schrillen Trickfilmen. Doch eine Figur vereint Kritiker als auch Fans – es ist die Figur des Sandmännchen, das jeden Abend die lieben Kleinen ins Bett schickt.

Kochduell auf Thüringisch

Hier kennt man kaum Weiden und Wälder. Es dominieren Feldfrüchte wie Gemüse. So sind denn die klassischen Erfurter Gerichte: Kartoffelklöße, Schnippelbohnen und Hammelbraten.

Thüringer Leberwurst

Geht es nach gefühlter Bekanntheit, so belegt die Thüringer Leberwurst, eine Streich- und Kochwurst, bestehend aus Schweineleber, Schweinefleisch, Nitritpökelsalz und Zwiebeln, die vorderen Ränge. Der unvergleichliche Geschmack entsteht durch die Zugabe von Majoran und gemahlenem Pfeffer. Zum Thema thüringisch – hierbei handelt es sich, wie in diesen Fall, um eine Spezialität mit geschützter, geografischer Herkunftsbezeichnung. Diese muss laut EU-Verordnung Rohstoffe zu 51 % aus Thüringen enthalten und auch in der Region verarbeitet werden.

Thüringer Klöße

Diese Beilage (aus roher Kloßmasse zubereitet) ist eigentlich keine Speise, sondern eine Weltanschauung. Jede Erfurter Braut bekam früher noch eine Kloßpresse mit in die Aussteuer und im Herbst bestellte man einen Sack extragroßer Kloßkartoffeln zusätzlich. Klöße müssen frisch auf den Tisch kommen, die Frische entscheidet (auch heute noch) über die Qualität einer Gaststätte. Es sind verschiedene Kloßfüllungen möglich, geröstete Semmelwürfel etwa, auch Rotwurst oder Leberwurst.

Thüringer Rostbratwurst

Diese Art Wurst ist ein Glaubensbekenntnis, dessen natürliches Geheimnis ein jeder Erfurter Fleischer kennt. Am besten munden die mit grober Fülle, nicht zu fett und im Naturdarm. Wenn man über den Markt geht oder an den Sommerabenden im Garten sitzt und der feine Duft der Rostbratwurst in der Luft liegt, dann ist der Erfurter zufrieden. Die hiesige Rostbratwurst ist als Original Thüringer Rostbratwurst markenrechtlich geschützt und nur die sollten Sie essen!

Von A wie Anger bis W wie „Willkommen Willy“

Kaufmannskirche

Die Kirche, die am Ende der Johannesstraße und zugleich am Beginn der Hauptgeschäftsstraße Anger steht, heißt nicht zufällig Kaufmannskirche (eigentlich St. Gregor und St. Bonifatius). Sie war die Kirche der Kaufmannsgilde in Erfurt, 1270 als romanischer Bau begonnen und etwa 1450 im gotischen Stil beendet. Wie viele Kirchen Erfurts hat auch sie nur eine schlichte (hier gerade) Holzdecke. Das Glanzstück dieser Kirche ist die prachtvolle holzgeschnitzte Ausstattung des Chorraumes mit Altar, Kanzel und Taufstein aus der Erfurter Werkstatt der Friedemanns. Sie entstand zwischen 1589 (Kanzel) und 1625 (Hochaltar). Die Kaufmannskirche ist die Traukirche von Joh. Ambrosius Bach und Elisabeth Lämmerhirt, den Eltern Johann Sebastian Bachs. Vor der Kaufmannskirche steht das Martin-Luther-Denkmal von 1883. Luther predigte 1522 zweimal in der Kaufmannskirche.

Anger – Ursulinenkloster

Der Anger ist seit dem 12. Jahrh. zunächst eine, später die Hauptgeschäftsstraße Erfurts gewesen. Im Mittelalter war er Waidmarkt – der größte in Deutschland und in der Neuzeit. Später wurde die Gegend zur nobelsten Geschäftsstraße Thüringens. Zugleich ist er ein wahres Bilderbuch der Baugeschichte, fast jede Bauepoche hat in diesem prominenten städtebaulichen Raum ihre Bauwerke beigesteuert. Die Gotik ist mit dem Ursulinenkloster (Nr. 5), die Renaissance mit „Haus zum Schwarzen Löwen“ (Nr. 11) und dem schönen Dacherödenschen Haus (Nr. 37/38), der Barock mit dem Anger 6 und 28 sowie mit dem schwergewichtigen Mainzer Zollhaus an der Ecke Bahnhofstraße, die Gründerzeit mit vielen prächti-

◀ *Eindrucksvoll präsentiert sich das ehemalige Hauptpostamt im neogotischen Stil 1882–86*

St. Ursula, einziges Kloster Thüringens, das nicht säkularisiert wurde ▲

Adam Ries – Mathematiker

Wer kennt nicht die Feststellung, dass 2x2 nach Adam Ries 4 sei. Der Mathematiker – oder wie man im Mittelalter sagte: Rechenmeister aus Staffelstein bei Coburg – war vier Jahre hindurch (1552–1555) Ratsrechenmeister in Erfurt. Während seiner Erfurter Zeit entwickelte er die „Rechnung auff der Linihen", die eine der Grundlagen der praktischen Mathematik bis weit in das 17. Jh. hinein wurde. Seine Erkenntnisse ließ er in seinem ersten (1518) und zweiten (1555) Rechenbuch bei dem berühmten Drucker Mathes Maler in Erfurt drucken. Am Haus „Zum Schwarzen Horn" (Michaelisstraße 48) erinnert ein plastisches Relief daran. Als Adam Ries ein günstigeres Angebot aus Annaberg im Erzgebirge erhielt, siedelte er 1555 dorthin um. Das sprichwörtliche 2x2=4 ist übrigens Bestandteil seines Wappens.

Adam Riese

Billes
RESTAURANT
WC

Abendliche Kaufmannskirche

Martin-Luther-Denkmal von 1883 ▲

Johann Sebastian Bach ▲

gen Geschäftshäusern und die neue Sachlichkeit der 20er-Jahre mit der Sparkasse (Nr. 25). vertreten. Die jüngste Zeit meinte, besonders laut auftrumpfen zu müssen und platzierte ihren Beitrag zu diesem Kompendium der Architekturen an der Angerecke mit einem auffälligen Wohn- und Geschäftshaus.

Der Anger ist ein etwa 400 m langer, leicht geschwungener und spannungsreicher Raum mit platzartigen Aufweitungen an den Enden. Diese sind mit jeweils einem Brunnen besetzt: der westliche ist der sog. Monumentalbrunnen von 1898, Erfurts Haupterwerbszweige Industrie und Gartenbau darstellend. Der moderne östliche Angerbrunnen vor dem Einkaufszentrum Anger 1 ist eher abstrakt zu interpretieren, obwohl er als florales Motiv angedacht war. Dominiert werden große Teile des Angers durch das Einkaufszentrum „Anger 1“, das durch die Erweiterung des grün-

Die „Bache“ in Erfurt

Johann Sebastian Bach in Erfurt? Vermutlich „nein“. Aber die Wurzeln des großen Leipziger Thomaskantors liegen eindeutig in Thüringen. Das Dorf Wechmar bei Gotha gilt allgemein als der Ausgangspunkt der „Bache“. Viele Mitglieder der großen Familie, die sich regelmäßig zu Familientreffen im Thüringischen zusammenfanden, waren Stadtpfeiffer und Organisten nicht nur in Erfurt. In den sog. Stadtpfeifferhäusern in der Erfurter Kürschnergasse sind viele Onkel, Cousins und Cousinen Joh. Seb. Bachs nachweisbar. Bachs Eltern gar sind die Erfurter Johann Ambrosius Bach und Elisabeth Lämmerhirt. Beide wurden 1668 in der Kaufmannskirche getraut.

▲ *Neben der Tradition hat auch die Moderne ihren Platz gefunden und viele Geschäfte laden zum Einkaufsbummel ein*

derzeitlichen Kaufhauses „Römischer Kaiser“ entstand. Es ist eine der ersten innerstädtischen Kaufhäuser in Deutschland.
Drei Kirchen wirken in den Anger hinein und bilden bewusst Inseln der Ruhe zum lauten Leben auf der Straße. Am kontrastreichsten ist dies im Ursulinenkloster zu erleben, das durch einen dunklen Torgang erreichbar ist. Das Nonnenkloster praktiziert noch, die kleine liebens-

Im Angermuseum finden sich Kunstschätze vom Mittelalter bis zum Expressionismus ▲

werte Klosterkirche ist jedoch auf Anfrage zu besichtigen. Beeindruckend sind hier die expressiven modernen Glasfenster.

In des Angers Mitte steht der Turm der längst abgebrochenen Bartholomäuskirche. Auf ihm hängt heute ein Glockenspiel mit 60 Glocken aus der traditionsreichen Apoldaer Glockengießerei Schilling, das mehrmals am Tage erklingt und auch von Hand gespielt werden kann.

Die große Baumasse des ehemals Mainzer Zeughauses wurde von 1706 und 1712 errichtet. Der Mainzer Erzbischof bildete seinen Machtanspruch gegenüber der Stadt durch einen prachtvollen Mittelrisalit mit seinem Prunkwappen und einer Figur des heiligen Martin, des Hausheiligen der Mainzer Erzbischöfe, ab. Das Gebäude beherbergt heute das Angermuseum für Plastik und Malerei. Durch schwere Verluste des Kunstgutes durch die nationalsozialistische Kulturpolitik hat es heute eher regionale Bedeutung, bietet indes mit dem Ernst-Heckel-Raum und der Mittelalterhalle Schönstes.

◄ *Mittelalterhalle des Angermuseums*

Ein Blick über den Willy Brandt Platz zum ehemaligen Hotel Erfurter Hof ▲

Willy Brandt an's Fenster

Als erster Bundeskanzler der Bundesrepublik Deutschland reiste Willy Brandt am 19. März 1970 in die DDR nach Erfurt. Sein Ziel war es, eine „neue Ostpolitik" zu gestalten. Auf Grund der deutsch-deutschen Teilung nach dem Zweiten Weltkrieg waren die bilateralen Beziehungen nahezu auf dem Nullpunkt angekommen. Der erst seit 9 Monaten amtierende Kanzler reiste im Sonderzug an und wurde vom Ministerpräsidenten Willi Stoph und von vielen emotionsgeladenen Bürgern in der Blumenstadt willkommen geheißen. Jedoch sorgten dramatische Umstände für internationales Aufsehen, denn die wartende Menge hatte trotz Polizeiabsperrungen den Bahnhofsplatz gestürmt. Durch einen Sprechchor mit der Parole „Willy Brandt ans Fenster" zeigte sich alsbald der Staatsmann in der oberen Etage des Hotels Erfurter Hof.

▲ ***Willy Brandt am Fenster des Hotels Erfurter Hof***

Dieses Gipfeltreffen war rückblickend betrachtet der erste Schritt zur Beendigung des „Kalten Krieges" und der darauffolgenden sukzessiven Entspannungspolitik. Übereinkünfte wie der Grundlagenvertrag von 1972 und die Einrichtungen der ständigen Vertretungen, aber auch der Betritt beider deutschen Staaten 1973 in die UNO waren die Folgen. Heute erinnert die Leuchtschrift auf dem Dach des ehem. Hotels an dieses denkwürdige Ereignis.

Treffpunkt südliche Altstadt

Kloster der regulierten Augustiner
Die Kirche der regulierten Augustiner-Chorherren, die Reglerkirche, in der Bahnhofstraße ist der Rest einer um 1130 begonnenen großen romanischen Klosteranlage mit Hospital neben dem Augusttor der 1. Stadtmauer (von 1168). Von diesem romanischen Bau ist noch ein Turm erhalten. Die Kirche selbst wurde 1366 begonnen und erst in der späten Gotik fertiggestellt. Der nüchterne Innenraum, von einer Holztonne überwölbt und mit einem langgezogenen Chor versehen, wird allein durch den mittelalterlichen Altar belebt.

Reglerkirche der Augustiner ▼

Barfüßerkirche
Nicht weit vom Anger entfernt steht das Franziskanerkloster, dessen Kirche, im Sprachgebrauch die Barfüßerkirche, den II. Weltkrieg nur als Ruine überstanden hat. Allein der Hohe Chor konnte gesichert und wieder genutzt werden. Der Kirchenbau begann bereits 1275 und erfuhr um 1400 eine Erweiterung. Die Barfüßerkirche war vor ihrer Zerstörung das größte Gotteshaus Erfurts. Heute bietet die Ruine Platz für Theateraufführungen und Konzerte, aber auch für geschichtliche Exkurse. Zur Weihnachtszeit nutzen über 30 Vereine und Initiativen die Möglichkeit, sich und ihre Arbeiten mittels Gesprächen als auch mit Andachten und Lesungen vorzustellen.

Ehemalige Statthalterei
Erfurt ist eine reine Bürgerstadt. Das einzige Palais in seinen Mauern ist die 1711 bis 1720 nach einem Entwurf von Maximilian v. Welsch erbaute Statthalterei der Mainzer Erzbischöfe. Der breit ausladende Bau ist eine geglückte und reizvolle Zusammenfügung von drei Bürgerhäusern der Renaissance und einem barocken Neubau. Das verbindende Element ist der Mittelrisalit mit seinen

Ehemalige Statthalterei ▶

St.-Wigberti-Kirche ▲

üppigen Hermen und reichem Dekor. Zwei Erker überbrücken gekonnt die Stilunterschiede. Im Mittelteil des Gebäudes ein schönes doppelläufiges Treppenhaus und darüber ein reichgeschmückter Festsaal. Hier residierten die Mainzer Statthalter, von denen Karl Theodor v. Dalberg der Beachtlichste war (von 1772–1802 in Erfurt). Dieser gab im Festsaal mittwochs seine sog. Assembleen, zu denen jedermann in angemessener Kleidung kommen und die Größen seiner Zeit sehen, hören und sprechen konnte. Seit 1995 beherbergt das Gebäude die Thüringer Staatskanzlei.

Die Hofkirche der Mainzer Statthalter war die benachbarte St.-Wig-

Goethe trifft Napoleon ▲

◄ *Haus Vaterland*

Im Haus Dacheröden waren deutsche Klassiker wie Goethe und Schiller zu Gast ▲

berti-Kirche, die zum Kloster der Augustiner gehörte. Das Gotteshaus wurde von 1409 bis 1475 erbaut, während das Kircheninnere geradezu heimelig im Barockstil erstrahlt. Auch der Klosterhof ist inzwischen tagsüber als öffentliche Grünanlage zugänglich.

Der Statthalterei links benachbart das sog. Haus Vaterland (auch Geleithaus), das frühere Obergeleitamt der Großherzöge von Sachsen Weimar-Eisenach für die Fernstraße Jena–Weimar–Erfurt–Eisenach (etwa die heutige B 7). Dieses ansehnliche Anwesen war das Dienstgebäude auch Goethes während seiner Zeit als Straßenminister. Während seiner Aufenthalte in Erfurt besuchte Goethe von hier aus häufig die Statthalterei und die Familie Dacheröden.

Haus Dacheröden

Das schöne „Haus Dacheröden“ (auch Luciushaus, Anger 37/38) aus der Renaissance ist ein Zusammenbau von 1833 zweier Bürgerhäuser aus der Zeit um 1550. Ein turmartiger Erker markiert die Trennstelle der beiden Gebäude. Beachtlich das Diamantbossenportal und die Dachlandschaft mit drei Gaubenreihen übereinander. Im Portal ist „Lucius-Haus“ zu lesen, ein Hinweis auf den Besitzer zur Wende vom 19. zum 20. Jh. Heute wird das Haus als städtisches Veranstaltungs- und Ausstellungszentrum genutzt und bietet die Möglichkeiten zu kultur- und generationsübergreifenden Dialogen. In diesem Haus gingen alle Größen des klassischen Zeitalters als Gäste des Kammerherrn v. Dacheröden und seiner schönen Tochter Caroline aus und ein: Goethe, Schiller, Theodor v. Dalberg, Bertuch. Wilhelm v. Humboldt heiratete hier Caroline v. Dacheröden, die Verbindung zwischen Schiller und Charlotte v. Lengefeld bahnte sich an.

Zitadelle Petersberg

Geradezu atemberaubend in Größe und Ausmaß präsentiert sich die Zitadelle auf dem Gelände des früheren Benediktiner-Klosters St. Peter und Paul. Im Jahre 1665 von den Kurmainzer Erzbischöfen erbaut galt diese einst modernste Anlage seiner Zeit als uneinnehmbar. In sternförmiger Struktur angelegt ist sie das Spiegelbild europäischer Festungsbaukunst.

Vom einstigen Peterskloster sind leider nur noch Reste der Klosterkirche erhalten. Selbst die beiden Kirchtürme des einst größten thüringischen Kirchbaus mussten weichen, die Preußen rissen 1813 die Reste des Klosters ab und bauten an gleicher Stelle die riesige Defensionskaserne. Mittlerweile sind Ambitionen des Wiederaufbaus der Peterskirche im Gespräch. Als Stadtkrone sollen beide Kirchtürme zukünftig wieder die Silhouette Erfurts schmücken.

Bei einem Besuch des Plateaus beeindrucken vor allem die bis 22 m hohen Mauern mit pittoreskem Wacherker mit den vorgelagerten Ravelins und Lünetten. Der Mauerumring ist 2234 m lang und kann am Fuße umgangen werden.

Majestätisch erhebt sich die barocke Festungsanlage ▼

Blick vom Petersberg auf den Domberg ▲

Interessantes auf dem Plateau

Zu den Attraktionen der Festung gehören ein kleines anschauliches Museum und eine voll funktionsfähige Festungsbäckerei, in der einmal in der Woche Brot gebacken wird. Vor allem aber ist die Bastion „Leonard" ein Balkon über der Stadt, von dem aus das Erfurter Becken fast vollständig überblickt werden kann. Bis Weimar und Oberhof schweift von hier aus bei gutem Wetter der Blick. Heute in Zeiten des Friedens in Europa stehen andere Themen im Fokus. So z. B. eine etwas seltsam anmutende Führung. Und zwar welche im Schein von vielen kleinen Taschenlampen entlang durch die geheimen Gänge der Festung Petersberg. Beginnend am Eingangstor des Thüringer Landgerichtes, erfährt man etwas über die strategische Bedeutung der weitgehend einzig erhaltenen barocken Stadtbefestigung Mitteleuropas. Die „Funzelführungen" durch die Horchgänge sind online als auch über die Erfurter Tourist Information buchbar. Das Gleiche gilt für die 45-minütige Nutzung des Altstadt-Express. An einer Sonderhaltestelle des Domplatzes Süd beginnt die Tour durch die Altstadt, die gespickt von so manchem Insider viel Wissenswertes über die Geschichte der Stadt, aber auch über den Petersberg selbst parat hat. Der Ausflug endet, wo er auch begann, am Domplatz Süd.

Funzelführung von April bis Oktober buchbar ▼

Blick vom Petersberg auf die Stadt ▲

Der Erzbischof von Mainz begann 1665, nachdem er mit Hilfe französischer Söldner die Stadt Erfurt wieder unter seine uneingeschränkte Gewalt gebracht hatte, mit dem Bau der „Johann-Philipps-Burg". Der Italiener Antonio Petrini war mit seinen Bauleuten der Baumeister. Es entstand eine Veste gegen die Erfurter und weniger zu ihrem Schutz. In dieser Zeit entstand auch das Kommandantenhaus am Festungszugang mit seinem prachtvollen Prunkwappen der Mainzer Obrigkeit. Gerade in dieser Zone der Festung kann man die vielfältigen Abwehrmöglichkeiten einer solchen Festungsanlage gut nachvollziehen: (Zugbrücke, Fallgrube, Fallgitter, Brustwehr, Brandbombenbahnen). Von 1707 bis 1726 wirkte der bekannte Kurmainzer Festungsbaumeister Maximilian v. Welsch an der Fertigstellung der Zitadelle. 1802 kamen durch die Neuordnung der Rheinbundstaaten Stadt und Zitadelle an die Preußen, 1806 bis 1813 an Napoleon. Danach blieb sie bis 1945 fest in der Hand des Militärs, das seinerseits weiter am Ausbau und an der Modernisierung der Festung wirkte. Erfurt war schließlich von 1813 bis 1873 eine

Bundesarbeitsgericht ▼

wichtige preußische Festungsstadt. Im Zuge der napoleonischen Befreiungskriege wurde die Zitadelle am 13. Oktober 1813 durch die verbündeten preußisch-russischen Truppen in Brand geschossen. Den größten Schaden nahm damals die romanische Kirche, die danach zu einem Militärmagazin umgebaut wurde. Heute steht noch einiges auf der Agenda, um dem Petersberg den alten Glanz zurückzugeben. Objekte wie das Bundesarbeitsgericht und ein Panoramarestaurant in moderner Optik entstanden mittlerweile.

Wehrhafte Kanone ▶

Zitadelle Petersberg im Winter

egapark

Das südwestliche Parkgelände, hoch auf dem 265 m hohen Cyriaksberg gelegen, zählt mit einer Fläche von 36 Hektar zu den großen Garten- und Freitzeitparks in Deutschland. Die einstige Befestigungsanlage wurde bereits 1885 zur öffentlichen Grünanlage umgestaltet und später erweitert. Für die Präsentation der Internationalen Gartenschau 1950 bot das Gelände ideale Voraussetzungen und wurde auch prompt ein voller Erfolg. Ganz nebenbei machte die Veranstaltung die Stadt über die Landesgrenzen hinaus bekannt. Heute ganzjährig geöffnet, eintrittspflichtig und mit verschiedenen Ausstellungshallen, Pflanzenschauhäusern, weitläufigen Ruheoasen, aber vor allem themenbezogen konzipiert, zieht der größte Garten Thüringens Jahr für Jahr mehr als 450.000 Besucher an. Die vielen unterschiedlichsten Gestaltungskonzeptionen kommen gut an und mittlerweile avanciert der egapark zu einer der beliebtesten Ausflugsziele des gesamten Bundeslandes. Die Themen sind vielfältig und es fällt schwer, alles aufzuführen. Einiges sei dennoch erwähnt wie z. B. der Rosen- oder der Skulpturengarten, aber auch die Wasser- und Sumpflandschaften mit ihren zum Teil dahinplätschernden Wasserachsen. Auch das größte zusammenhängende Blumenbeet Europas darf nicht fehlen. Nach der Wiedervereinigung und der schwierigen Nutzung des damals 106 Hektar großen Geländes erfolgte 1995 eine Drittelung der Fläche. Anschließend übernahm die Stadt den Rest selbst. Peripher entstand dann das Landesfunkhaus des Mitteldeutschen Rundfunks und der Sender des Kinderkanals von ARD und ZDF. Westlich gruppierte sich die Messe Erfurt dazu.

Vor längerer Zeit reifte die Überlegung, sich für die Bundesgartenschau im Jahre 2021 zu bewerben. Mit Erfolg, der Zuschlag ging an den egapark. Charmanterweise fällt die BUGA genau auf das 60. Jahr des Bestehens der Anlage.

◀ *Lichterfest*

Blick vom Petersberg

Alle Jahre wieder ...

Ob die Thüringer Bachwochen, das Martinsfest oder auch der Blumen- und Gartenmarkt, die Erfurter lieben Geselligkeit und das wiederum schätzen die Besucher, die ihre Hotelbuchungen immer häufiger nach bestimmten Festivitäten, wie die des traditionellen Kämerbrückenfestes, ausrichten. Bei diesem kulturellen Highlight handelt es sich um das größte Altstadtfest Thüringens. Es beeindruckt mit Kunst, Musik und Handwerk. Der berühmte Gaukler Til Eulenspiegel und diverse Schauspieler in mittelalterlicher Tracht versuchen interaktiv, die Zuschauer zum Mitmachen zu motivieren. Wer die etwas stilleren Momente liebt, kommt beim Lichterfest im egapark auf seine Kosten. Dort verwandelt der Schein von tausenden Fackeln, Lichtstelen und Laternen den größten Garten Thüringens in ein wahres Lichtermeer.

Etwas zünftiger geht es dann beim Oktoberfest auf dem Domplatz zu. Mit einer Thüringer Rostbratwurst in der Linken und einem herzhaften Köstritzer Schwarzbier in der Rechten macht ein Bummel über das 3,5 ha große Gelände mit den blinkenden Fahrgeschäften Lust auf Kirmes. Erwähnenswert sei auch das berühmte Bratwurstspektakel „Rostkultur", bei dem 20 Hersteller von original Thüringer Bratwürsten ihre verschiedenen Produkte unter die Leute bringen. Auch die Kleinen sind Dank Hüpfburg und „Wurstrodeo" ganz begeistert.

So schön und gehaltvoll sich die Landeshauptstadt auch präsentiert, ist es doch das Althergebrachte, was viele Besucher schätzen und lieben, gemeint ist der alljährlich zur Adventszeit beginnende Weihnachtsmarkt. Vor der monumentalen Kulisse des Mariendoms und der St.-Severi-Kirche beeindruckt nicht nur der 25 m hohe, mit vielen bunten Lichtern ge-

Blumen- und Gartenmarkt ▼

Lichterfest im egapark ▼

Weihnachtsmarkt auf dem Domplatz ▲

schmückte Weihnachtsbaum, auch die Weihnachtskrippe mit den 14 handgeschnitzten, lebensgroßen Holzfiguren zieht die Aufmerksamkeit auf sich. Traditionell erzgebirgisch erstrahlt aber auch die 12 m hohe Weihnachtspyramide, sodass viele Besucher stehenbleiben, um den Umlauf der Figuren zu verfolgen. Neben dem einen oder anderen Glühweinstand dominieren mitunter Stände mit einheimischer Schnitzkunst – und mit ein bisschen Glück kann man unter der Woche, zwischen 16–19 Uhr und an Sams- und Sonntag schon ab 15 Uhr, den weihnachtlichen Klängen vor den Domstufen lauschen. Die Kids können währenddessen Plätzchen backen, den Märchenwald oder den Streichelzoo besuchen. Aber auch Autoscooter, Riesenrad und Kerzenziehen sind ganz angesagt. Für das weibliche Klientel birgt die Weihnachtsbindeaustellung „Florales zur Weihnachtszeit“ in den Kellergewölben unter dem Domberg wahre Schätze.

Lichter am Rathaus ▼

Domplatz mit Dom und Severikirche

Dr. Martin Luther vor der Kaufmannskirche ▲

Abschied

Das berühmte Zitat von Martin Luther:

„Die Erfurter Universität ist meine Mutter, der ich alles verdanke“ (Bekenntnis 1513) soll das Schlusswort unserer so hoffentlich inhaltsreichen Führung durch die thüringische Landeshauptstadt sein. Es gäbe noch viel zu erzählen, so z.B. dass es in Erfurt im Februar ganz närrisch zugeht oder dass die Bachwochen das größte Festival für klassische Musik Jahr für Jahr viele Touristen anzieht. Vielleicht sind solche Termine ein willkommener Anlas, mal wieder reinzuschauen in die so malerisch einladende Universitätsstadt.